HOW TO DRAW

THIS BOOK BELONGS TO

____

____

____

ICOLORMYLIFE.COM

SCAN ME!

FOR MORE PRODUCT

THANK YOU FOR BEING
OUR VALUED CUSTOMER
WE WOULD BE GRATEFUL

COLOR TEST PAGE

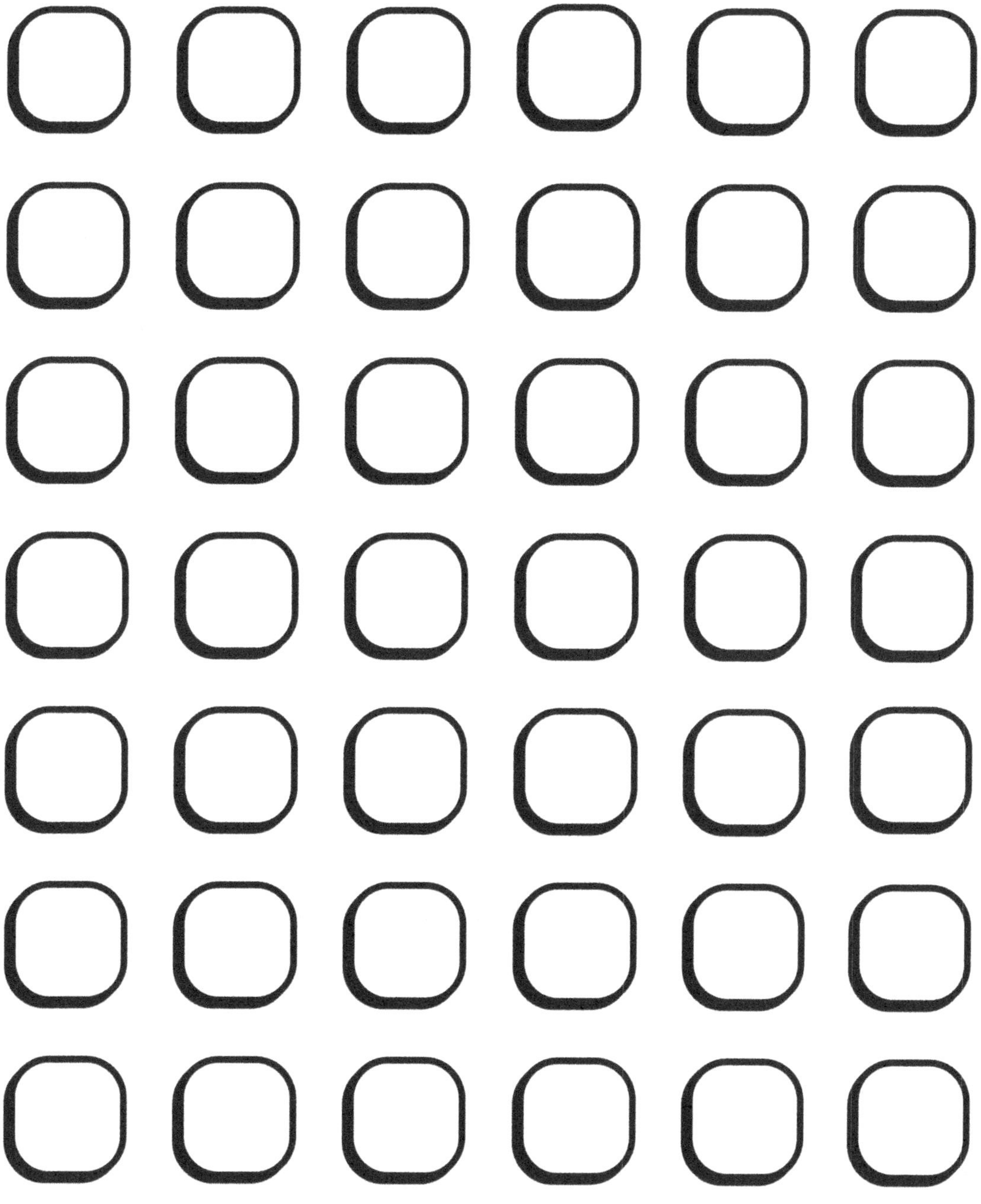

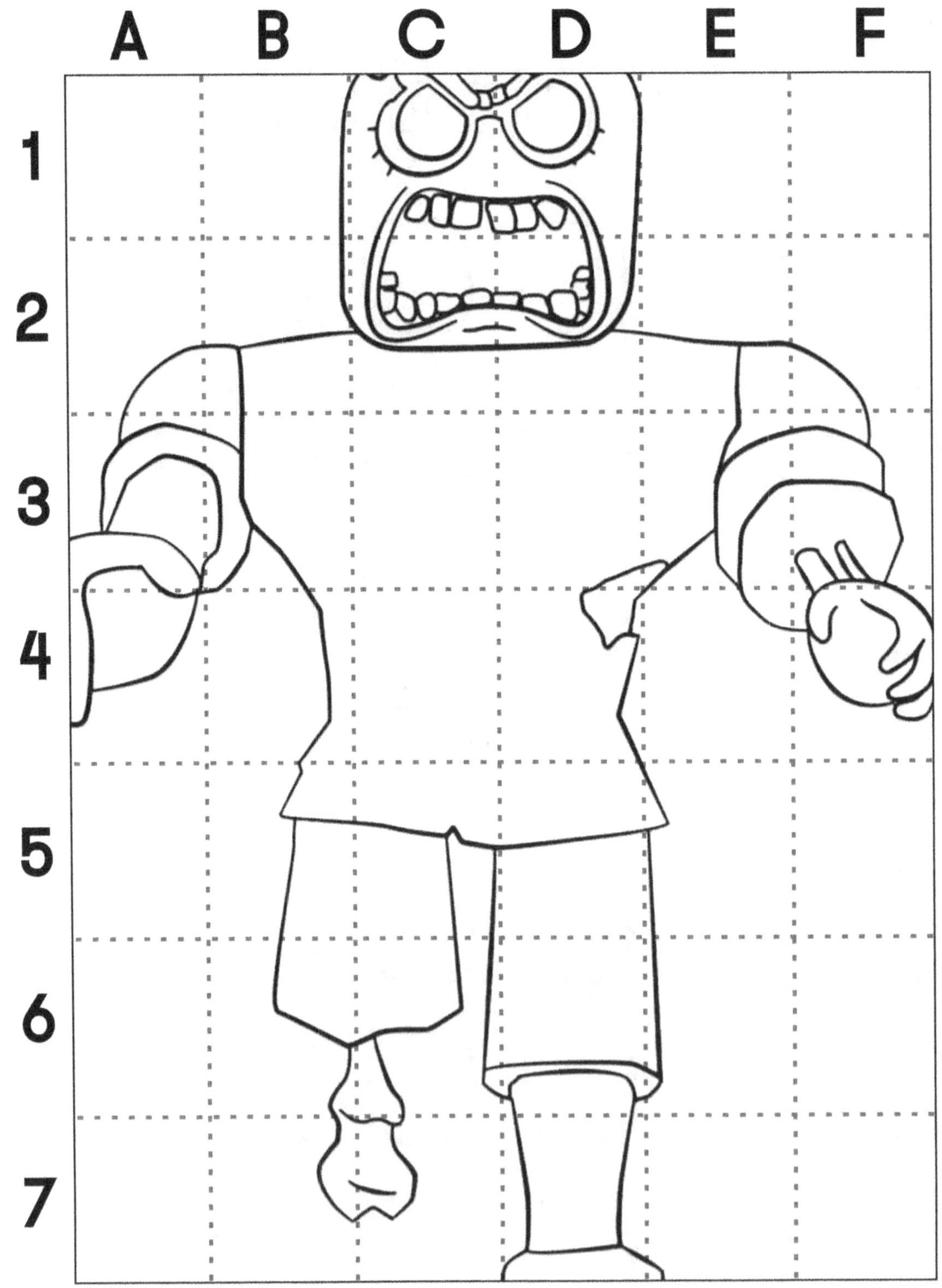
A B C D E F
1
2
3
4
5
6
7

	A	B	C	D	E	F
1						
2						
3						
4						
5						
6						
7						

A
B
C
D
E
F
1
2
3
4
5
6
7

	A	B	C	D	E	F
1						
2						
3						
4						
5						
6						
7						

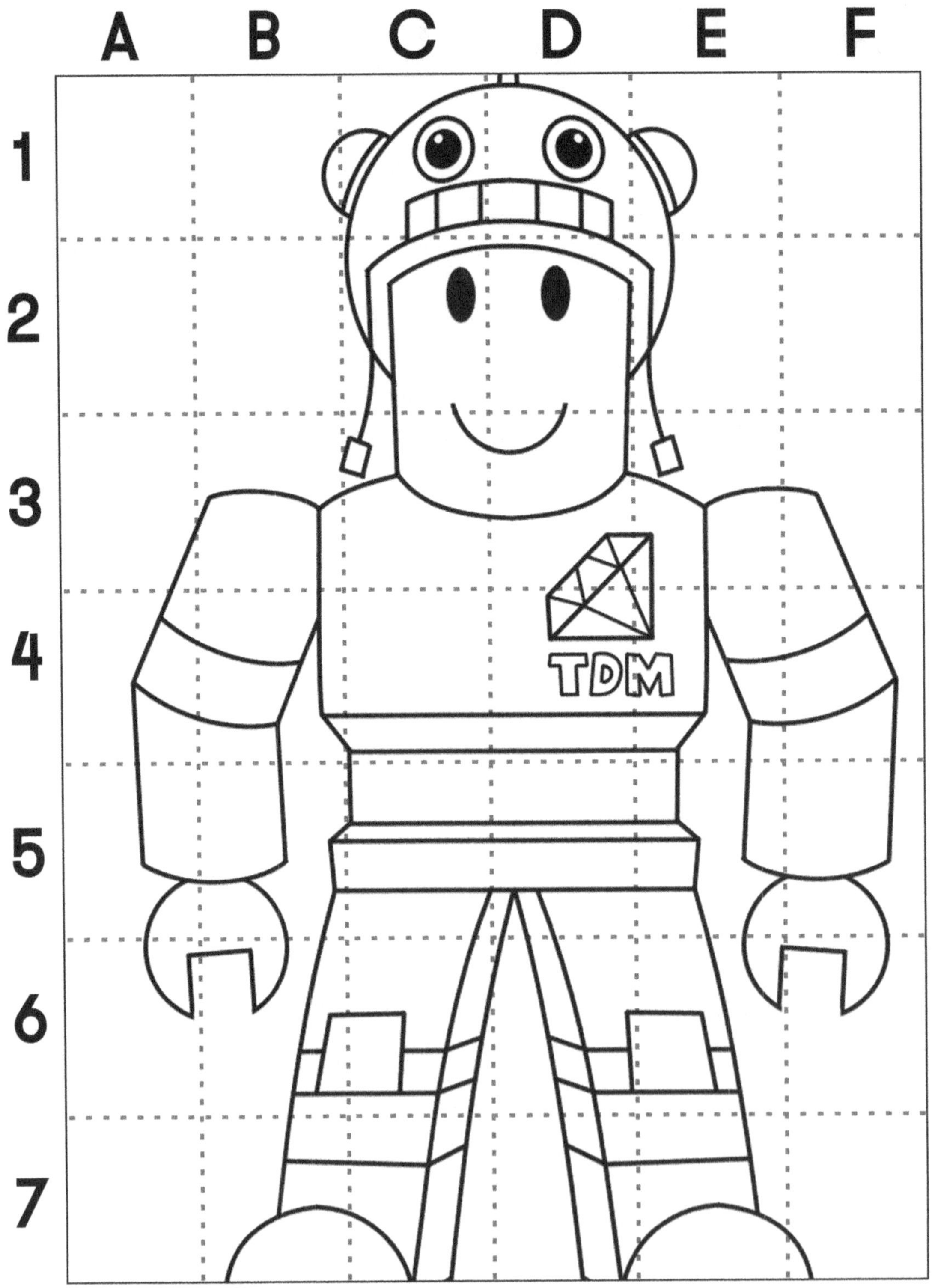
A B C D E F
1
2
3
4
5
6
7
TDM

	A	B	C	D	E	F
1						
2						
3						
4						
5						
6						
7						

A
B
C
D
E
F
1
2
3
4
5
6
7

	A	B	C	D	E	F
1						
2						
3						
4						
5						
6						
7						

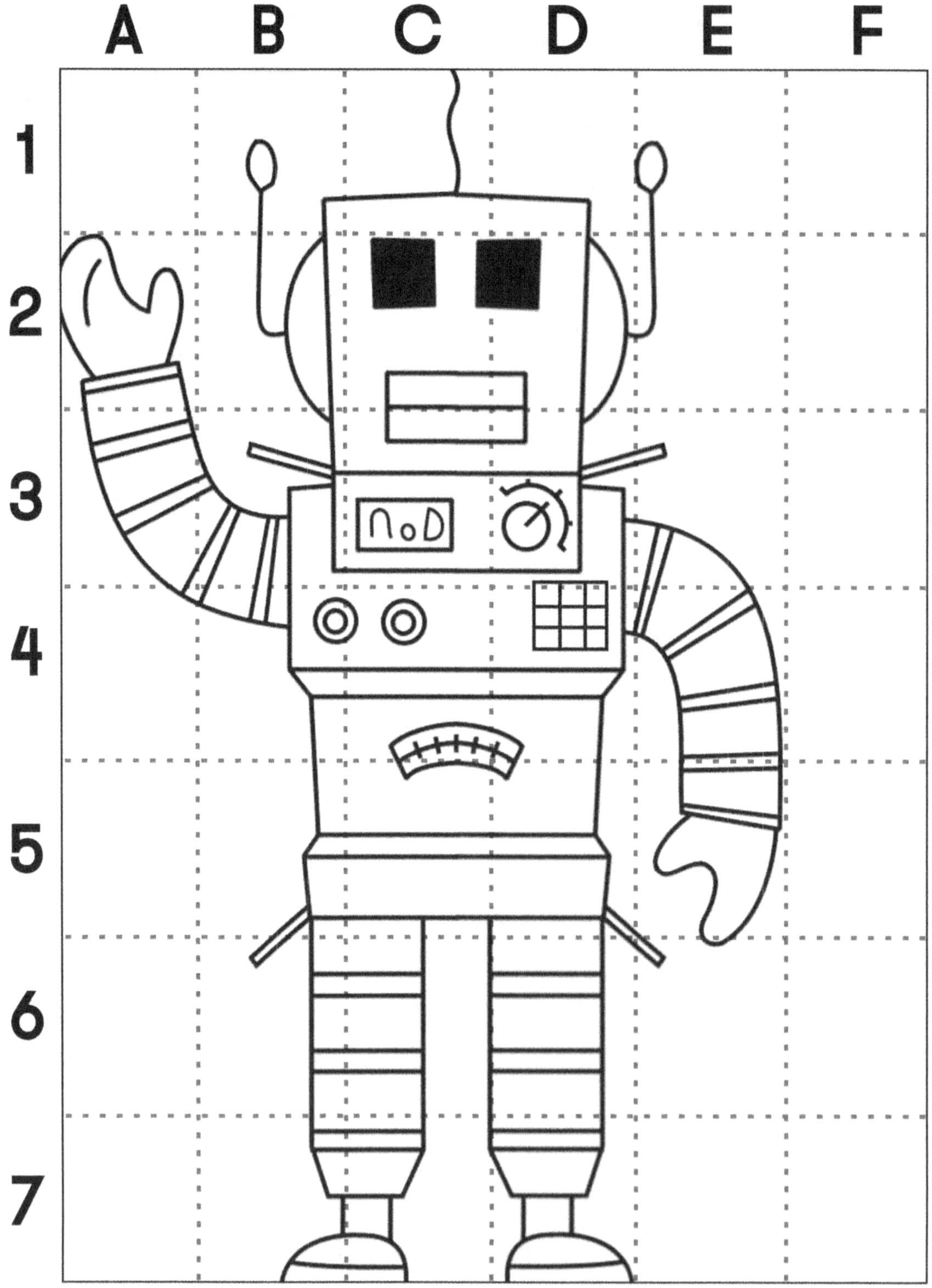
A
B
C
D
E
F
1
2
3
4
5
6
7

	A	B	C	D	E	F
1						
2						
3						
4						
5						
6						
7						

A
B
C
D
E
F
1
2
3
4
5
6
7

	A	B	C	D	E	F
1						
2						
3						
4						
5						
6						
7						

A B C D E F
1
2
3
4
5
6
7

	A	B	C	D	E	F
1						
2						
3						
4						
5						
6						
7						

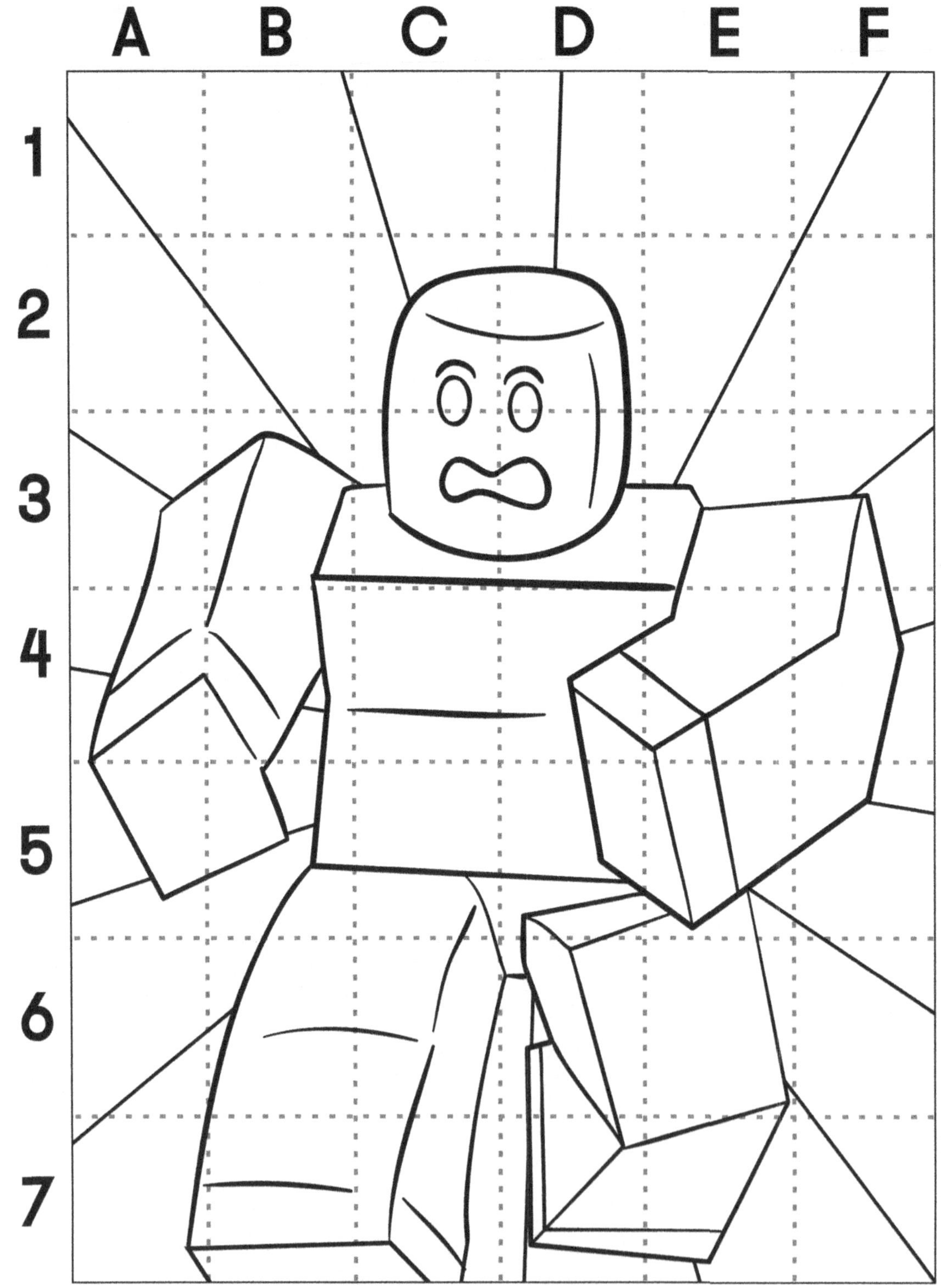
A
B
C
D
E
F
1
2
3
4
5
6
7

	A	B	C	D	E	F
1						
2						
3						
4						
5						
6						
7						

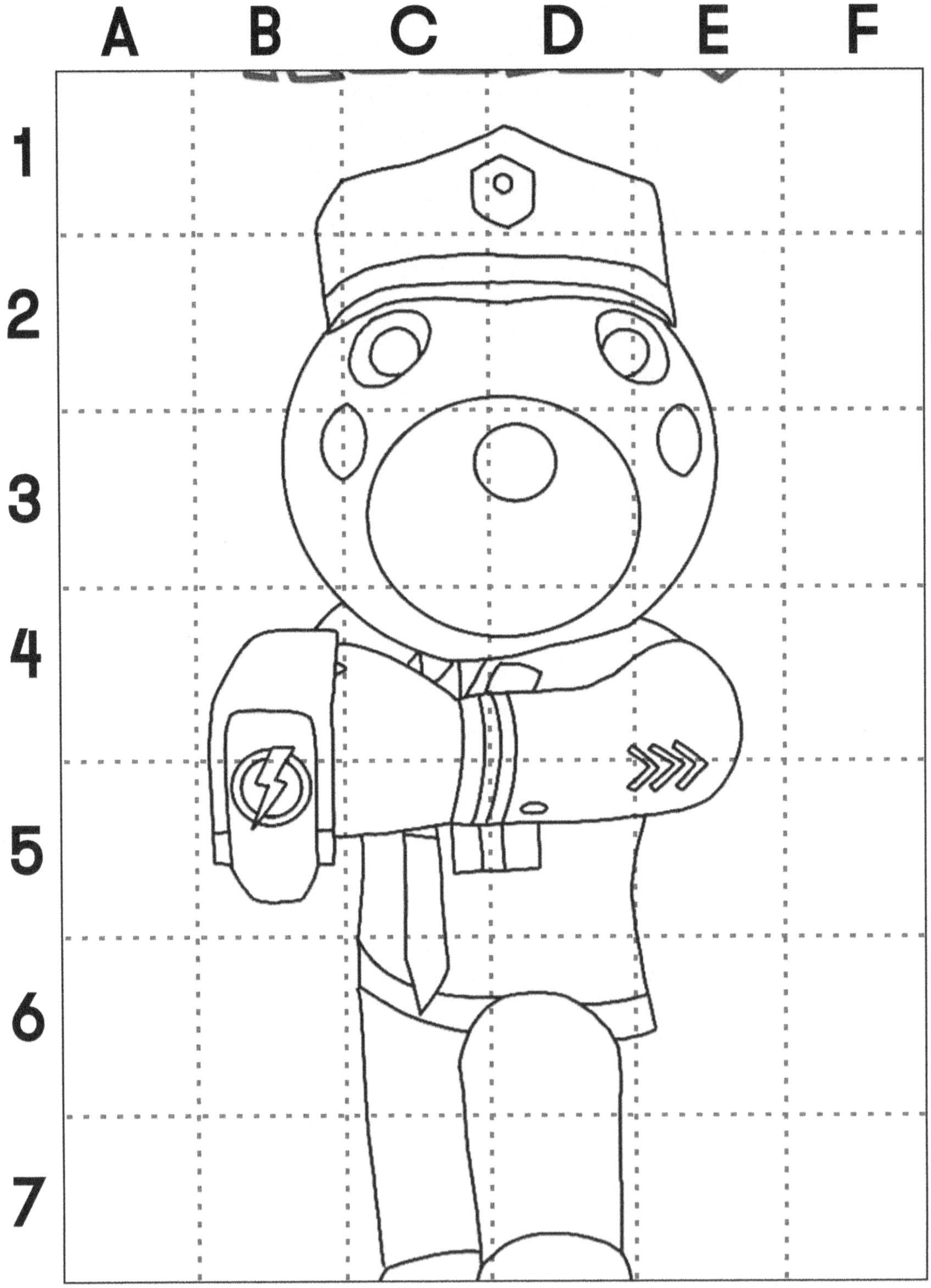
A B C D E F
1
2
3
4
5
6
7

	A	B	C	D	E	F
1						
2						
3						
4						
5						
6						
7						

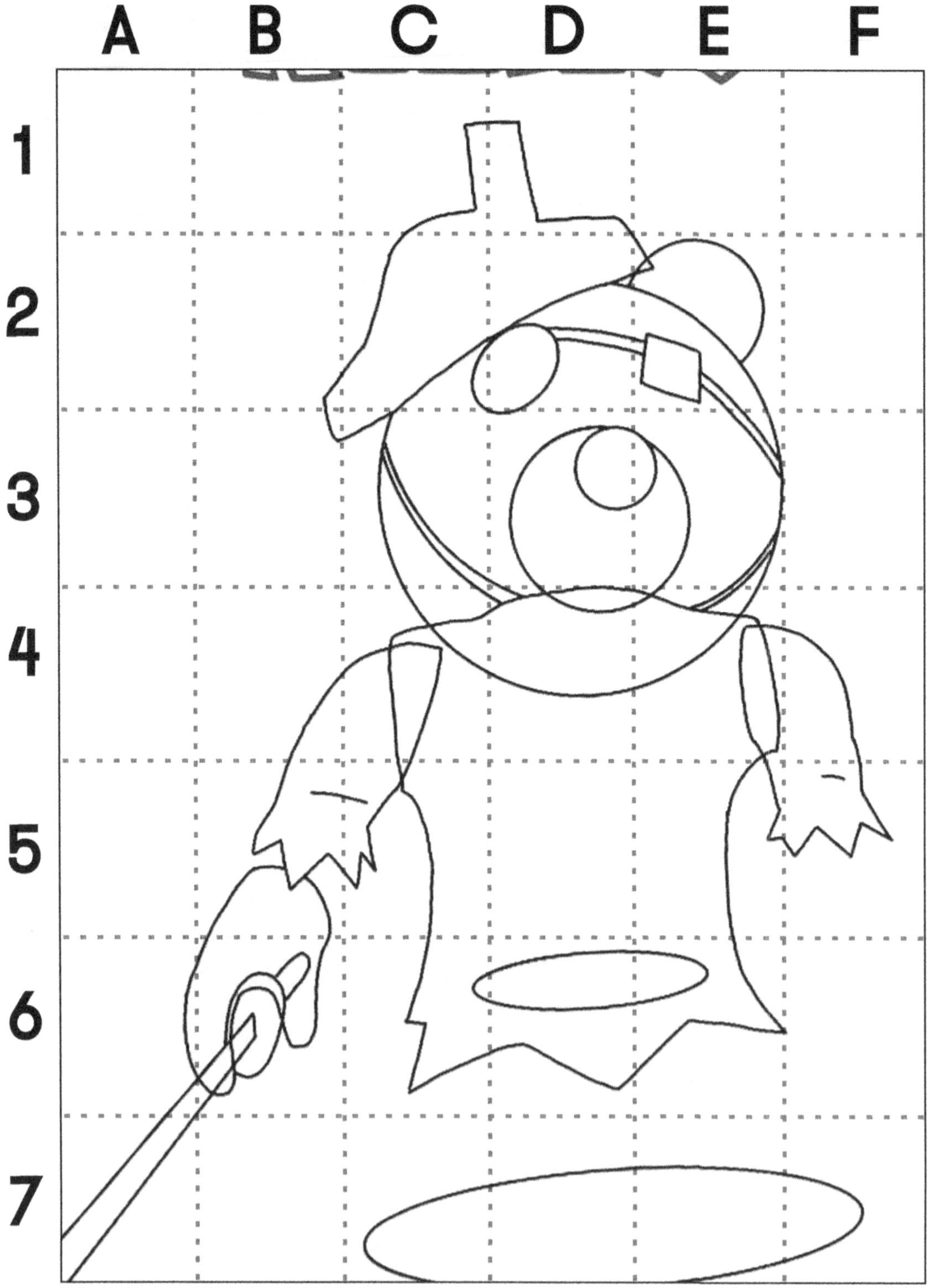
A B C D E F
1 2 3 4 5 6 7

	A	B	C	D	E	F
1						
2						
3						
4						
5						
6						
7						

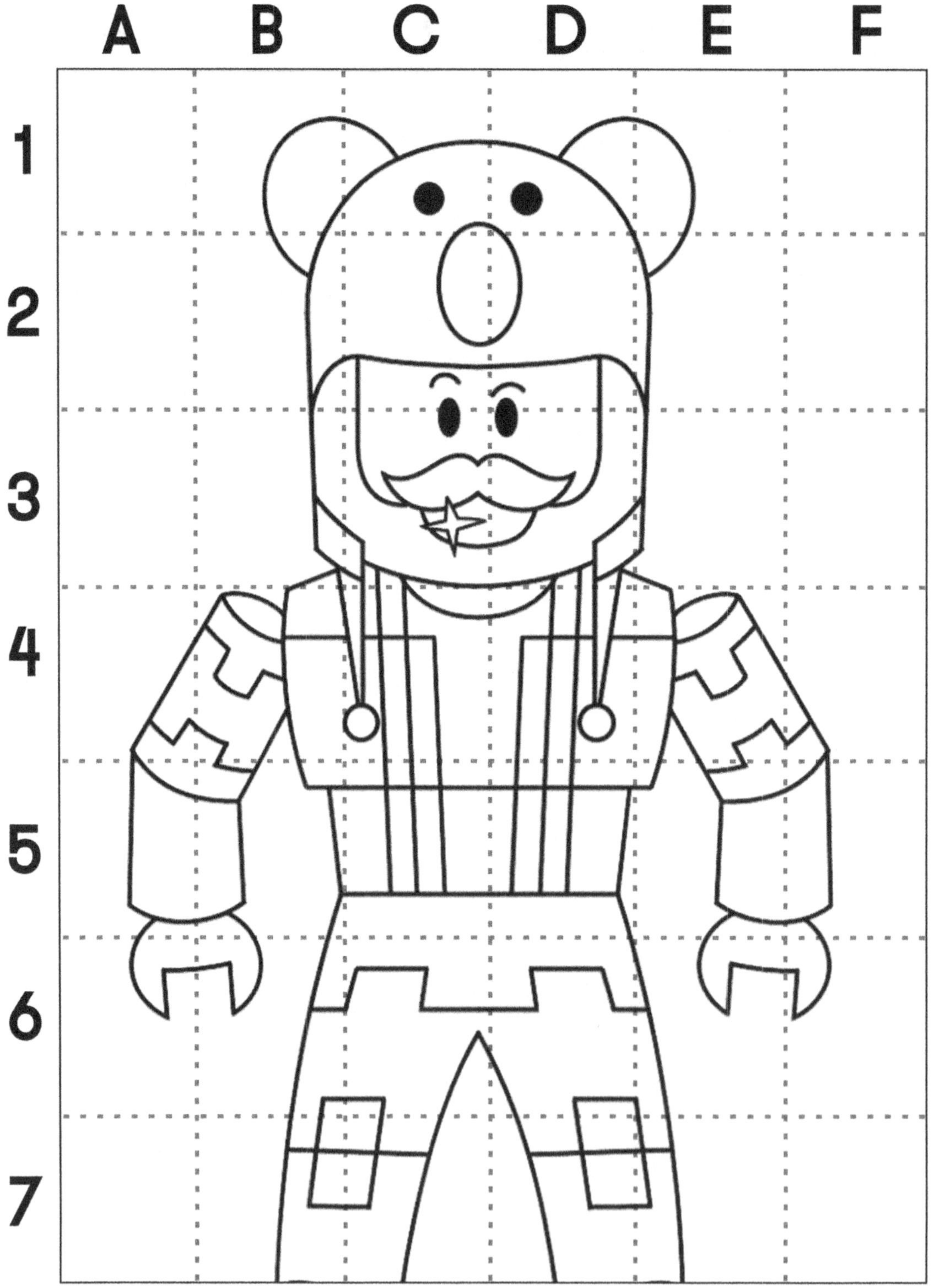
A B C D E F
1
2
3
4
5
6
7

	A	B	C	D	E	F
1						
2						
3						
4						
5						
6						
7						

A B C D E F
1
2
3
4
5
6
7

	A	B	C	D	E	F
1						
2						
3						
4						
5						
6						
7						

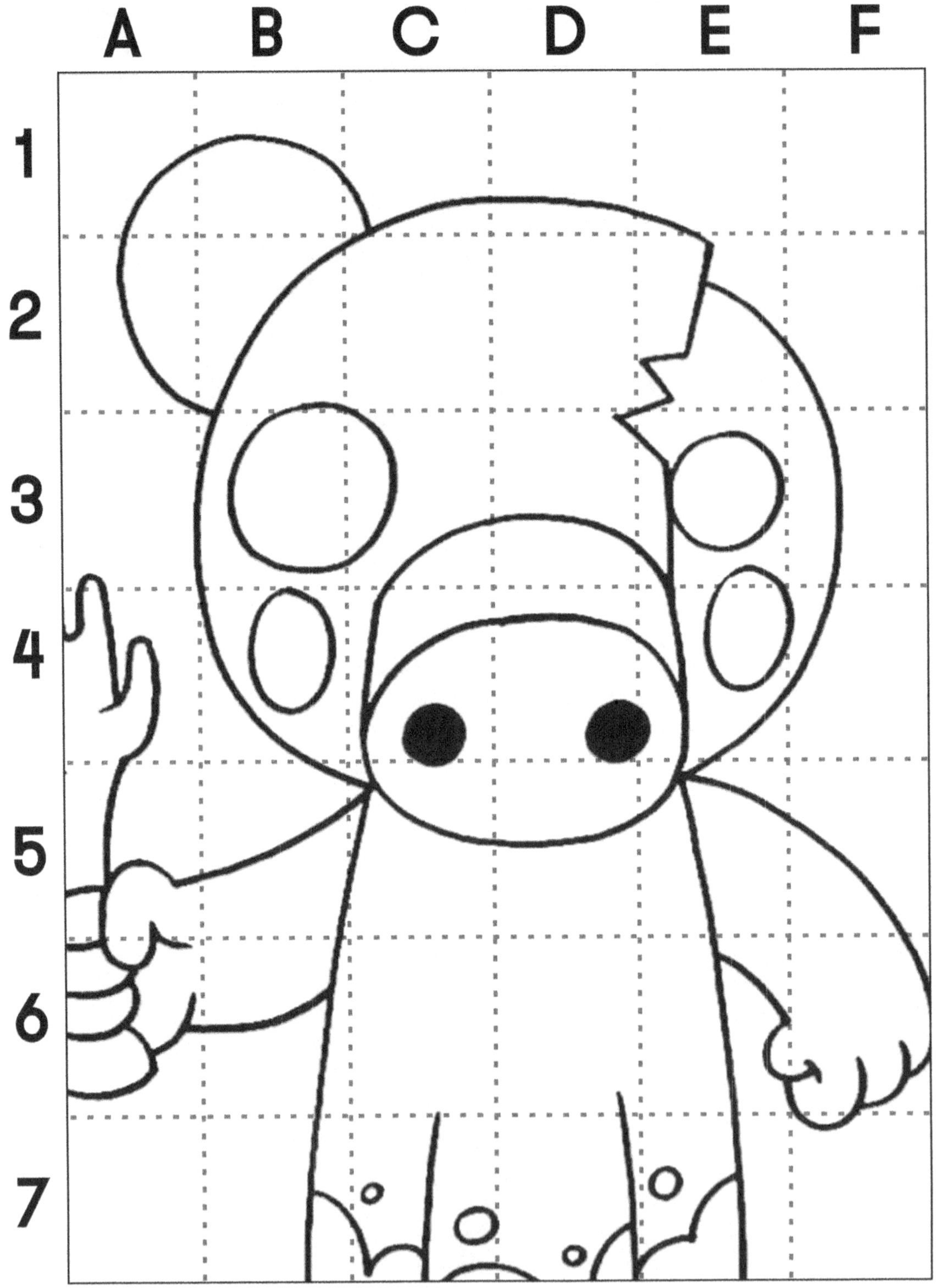
A B C D E F
1
2
3
4
5
6
7

	A	B	C	D	E	F
1						
2						
3						
4						
5						
6						
7						

A B C D E F
1
2
3
4
5
6
7

	A	B	C	D	E	F
1						
2						
3						
4						
5						
6						
7						

A
B
C
D
E
F
1
2
3
4
5
6
7
ROBLOX

	A	B	C	D	E	F
1						
2						
3						
4						
5						
6						
7						

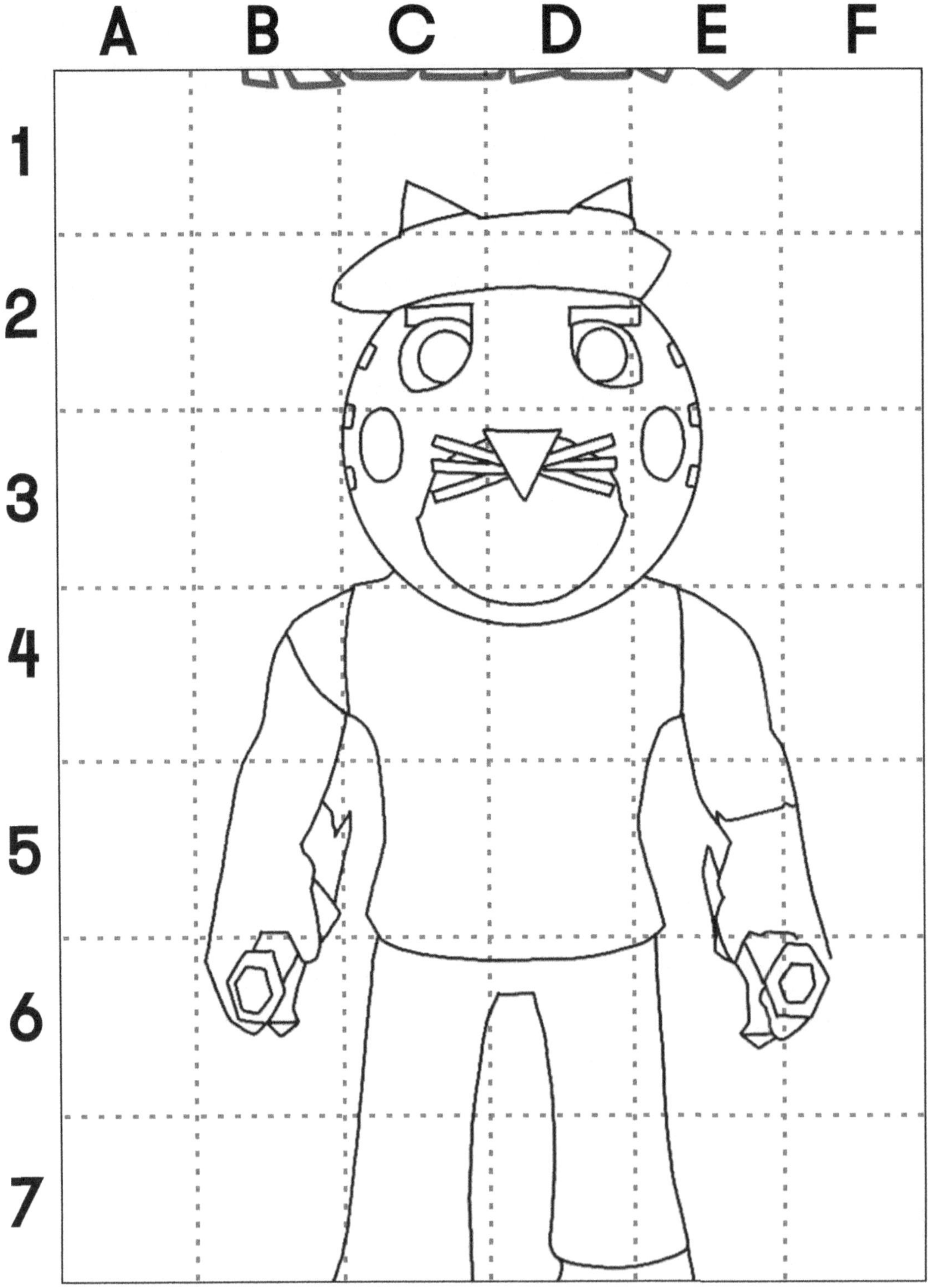
A
B
C
D
E
F
1
2
3
4
5
6
7

	A	B	C	D	E	F
1						
2						
3						
4						
5						
6						
7						

A B C D E F
1 2 3 4 5 6 7

	A	B	C	D	E	F
1						
2						
3						
4						
5						
6						
7						

A B C D E F
1
2
3
4
5
6
7

	A	B	C	D	E	F
1						
2						
3						
4						
5						
6						
7						

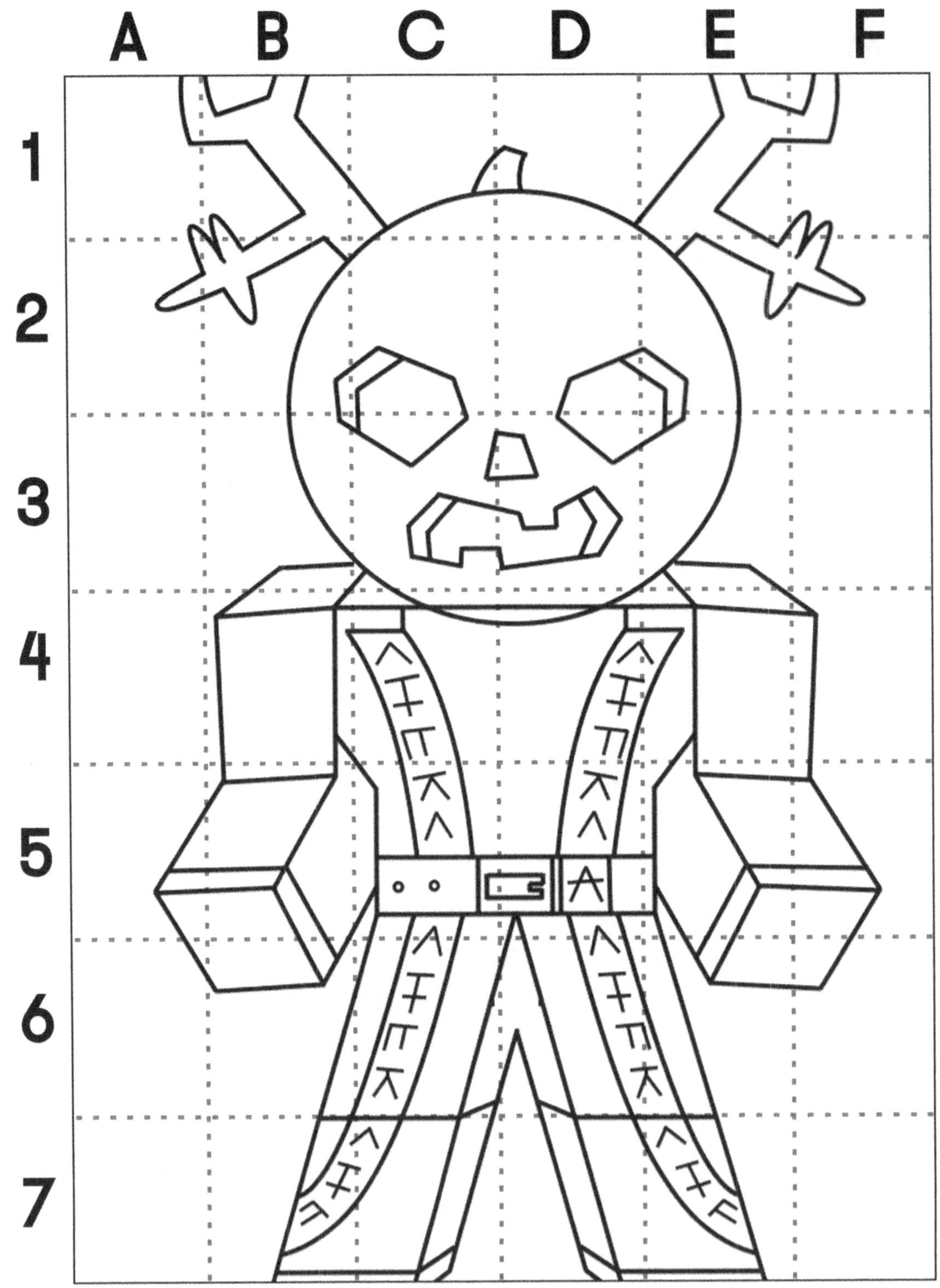
A B C D E F
1
2
3
4
5
6
7

	A	B	C	D	E	F
1						
2						
3						
4						
5						
6						
7						

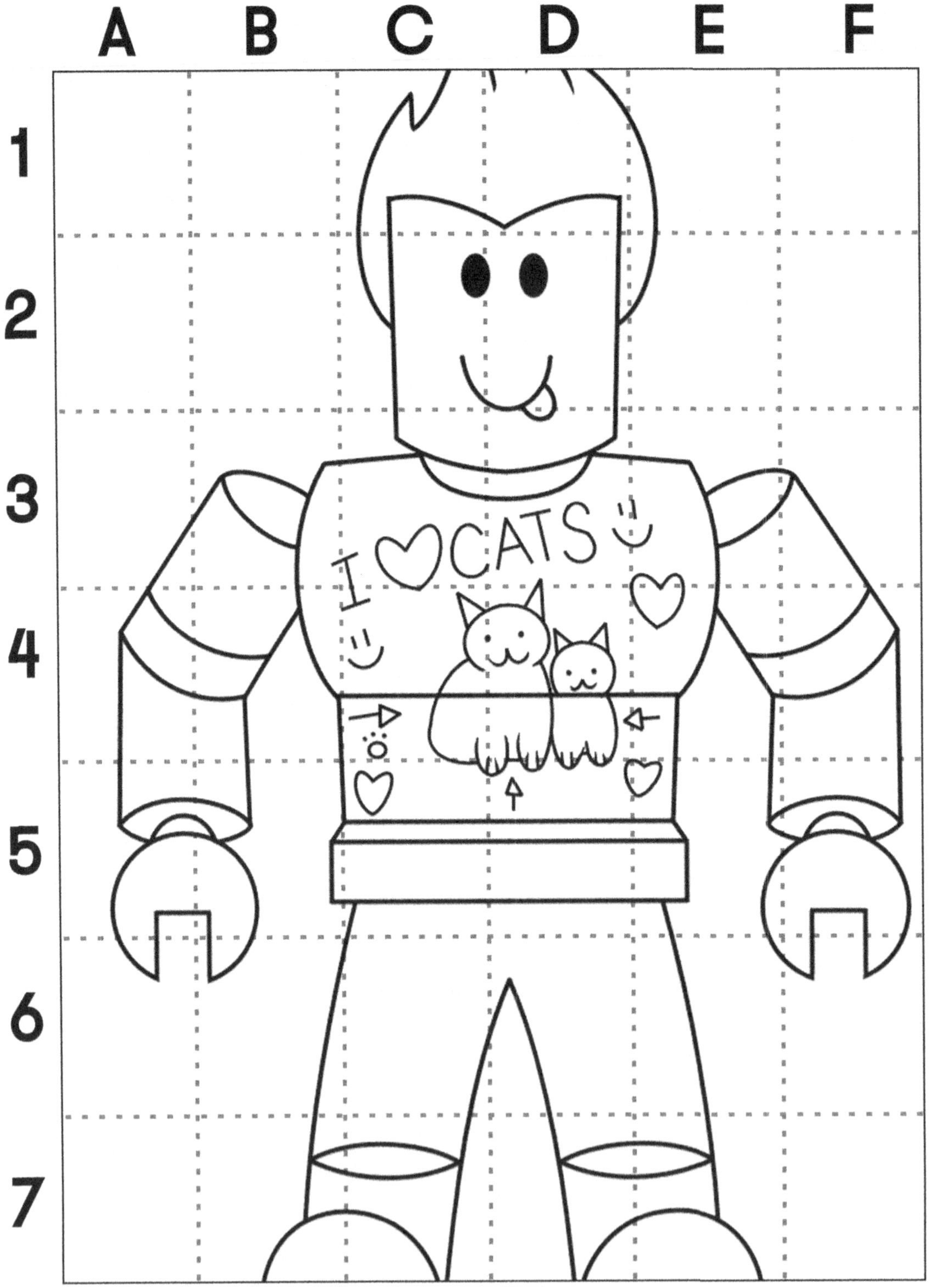
A B C D E F
1
2
3
4
5
6
7
I CATS

	A	B	C	D	E	F
1						
2						
3						
4						
5						
6						
7						

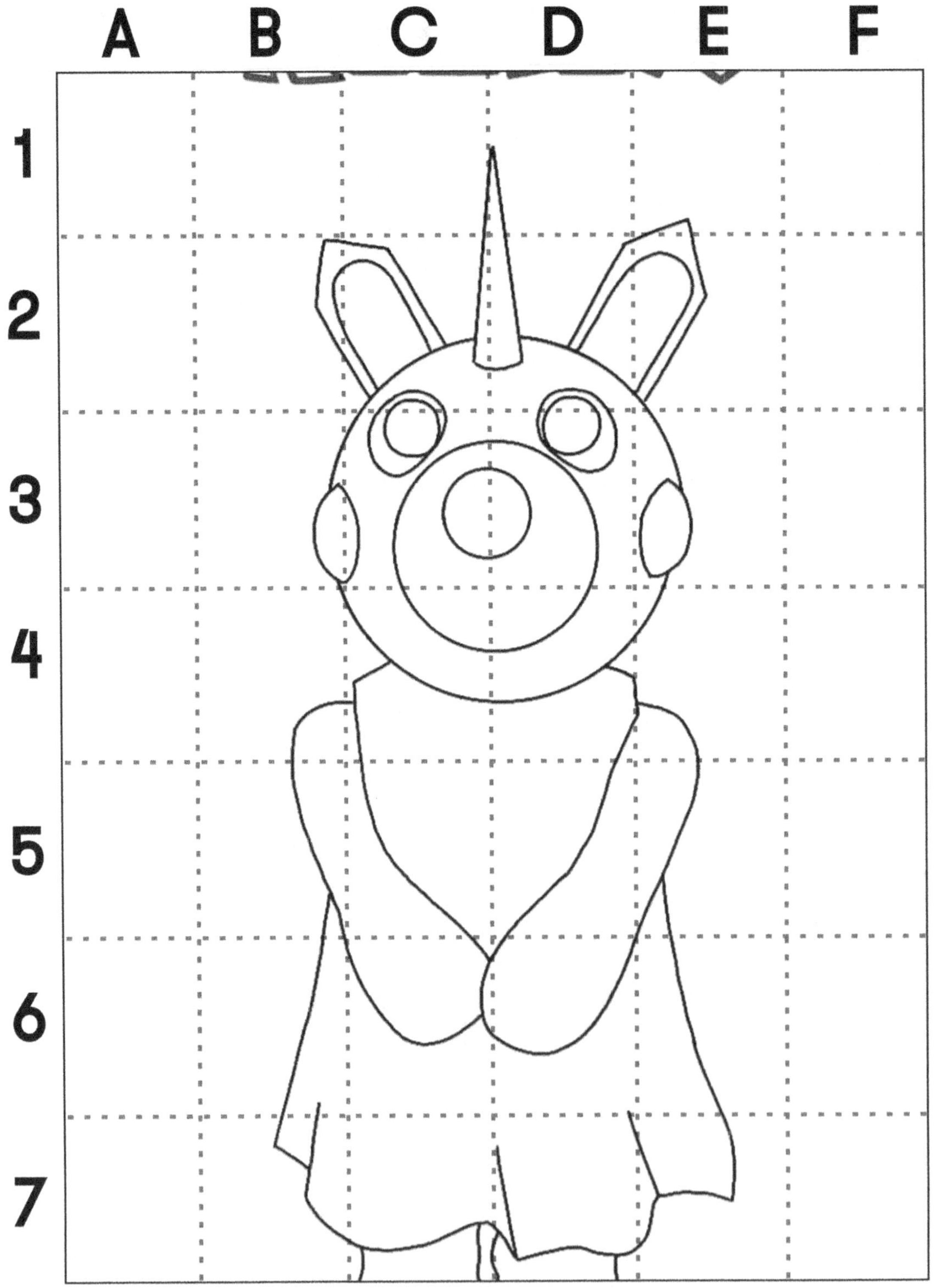

A
B
C
D
E
F
1
2
3
4
5
6
7

	A	B	C	D	E	F
1						
2						
3						
4						
5						
6						
7						

A B C D E F
1
2
3
4
5
6
7

	A	B	C	D	E	F
1						
2						
3						
4						
5						
6						
7						

A B C D E F
1
2
3
4
5
6
7
ROBLOX

	A	B	C	D	E	F
1						
2						
3						
4						
5						
6						
7						

A B C D E F
1 2 3 4 5 6 7

	A	B	C	D	E	F
1						
2						
3						
4						
5						
6						
7						

A
B
C
D
E
F
1
2
3
4
5
6
7
R

	A	B	C	D	E	F
1						
2						
3						
4						
5						
6						
7						

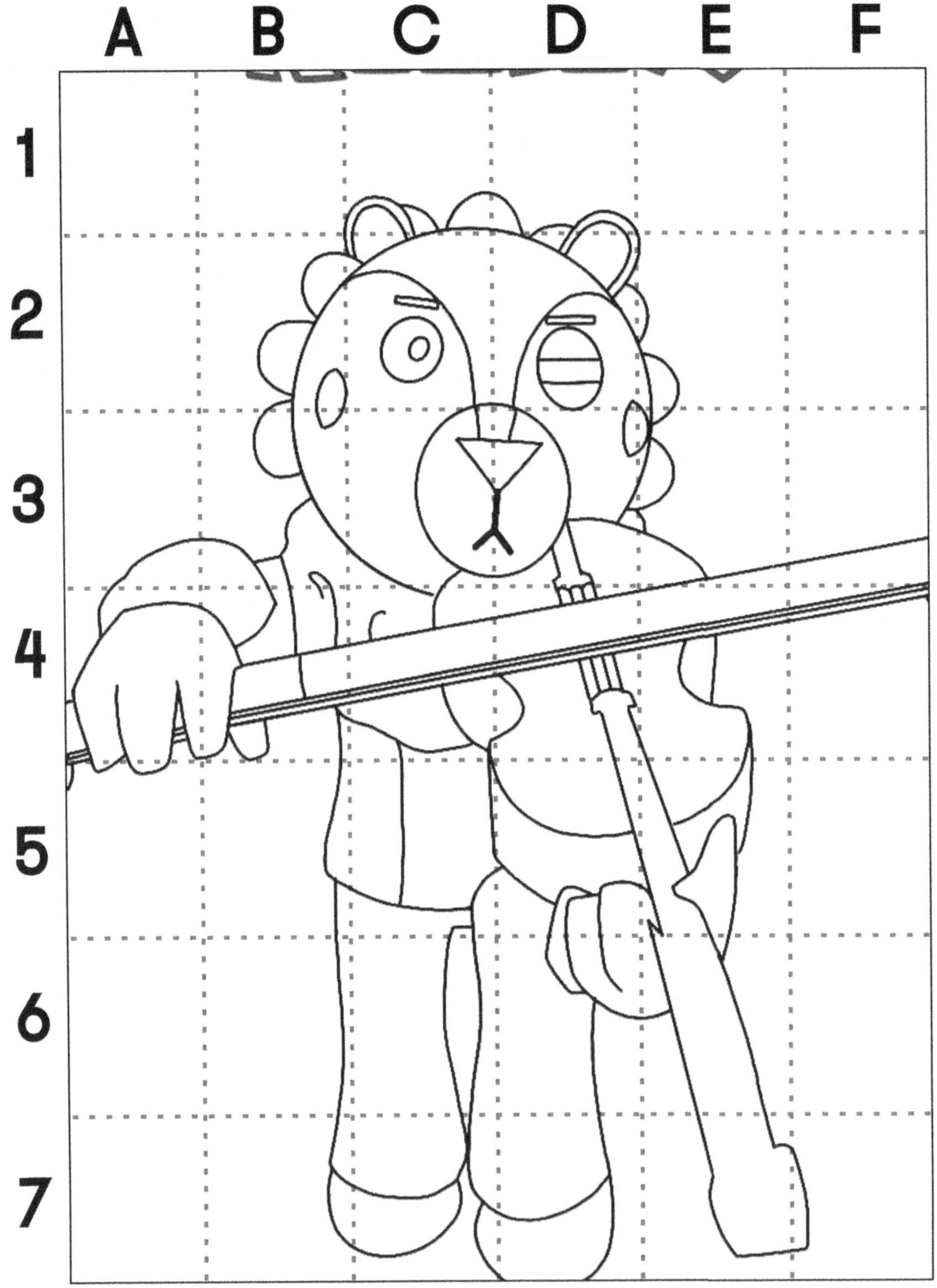
A
B
C
D
E
F
1
2
3
4
5
6
7

	A	B	C	D	E	F
1						
2						
3						
4						
5						
6						
7						

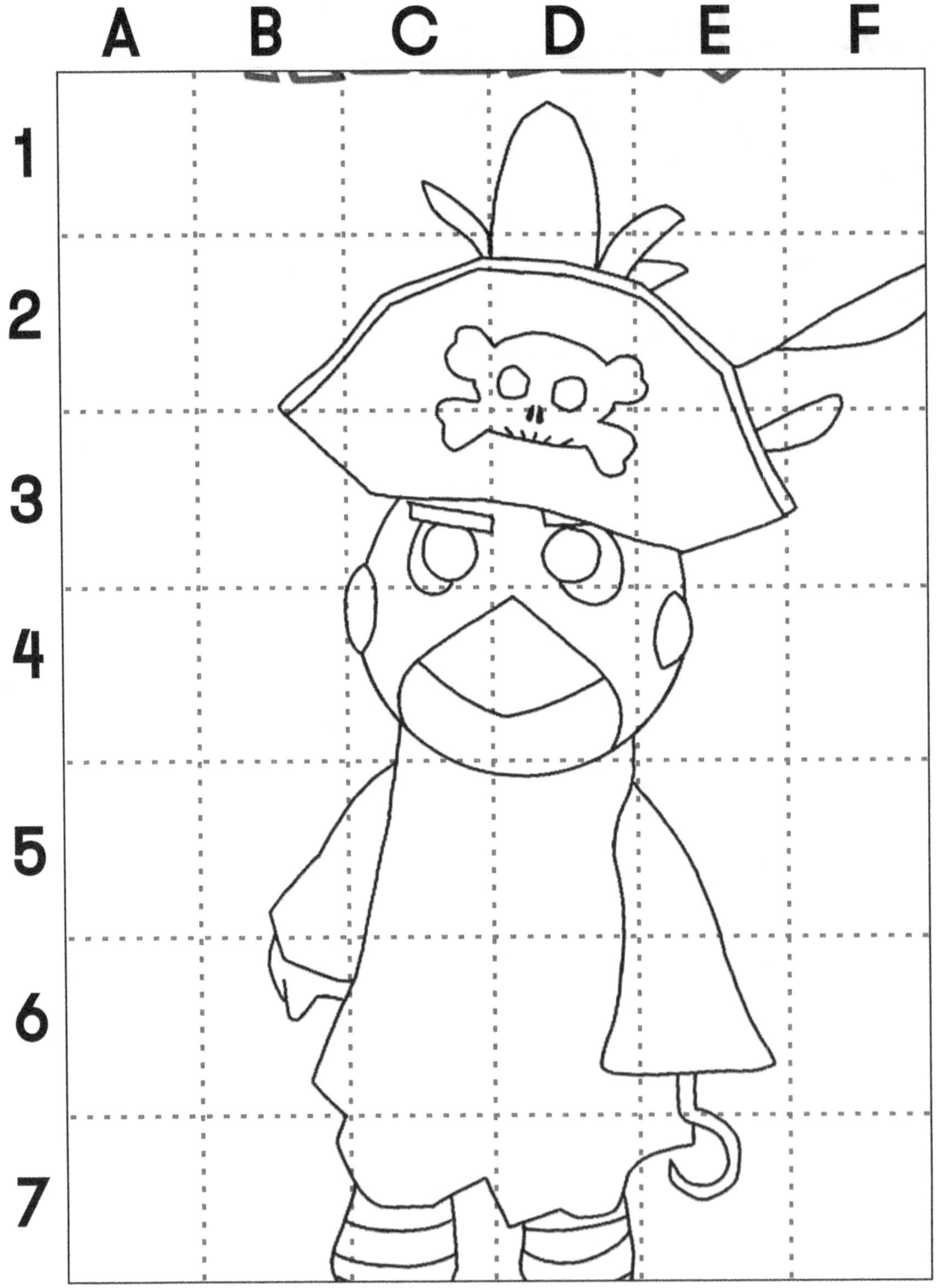
A B C D E F
1
2
3
4
5
6
7

	A	B	C	D	E	F
1						
2						
3						
4						
5						
6						
7						

A
B
C
D
E
F
1
2
3
4
5
6
7

	A	B	C	D	E	F
1						
2						
3						
4						
5						
6						
7						

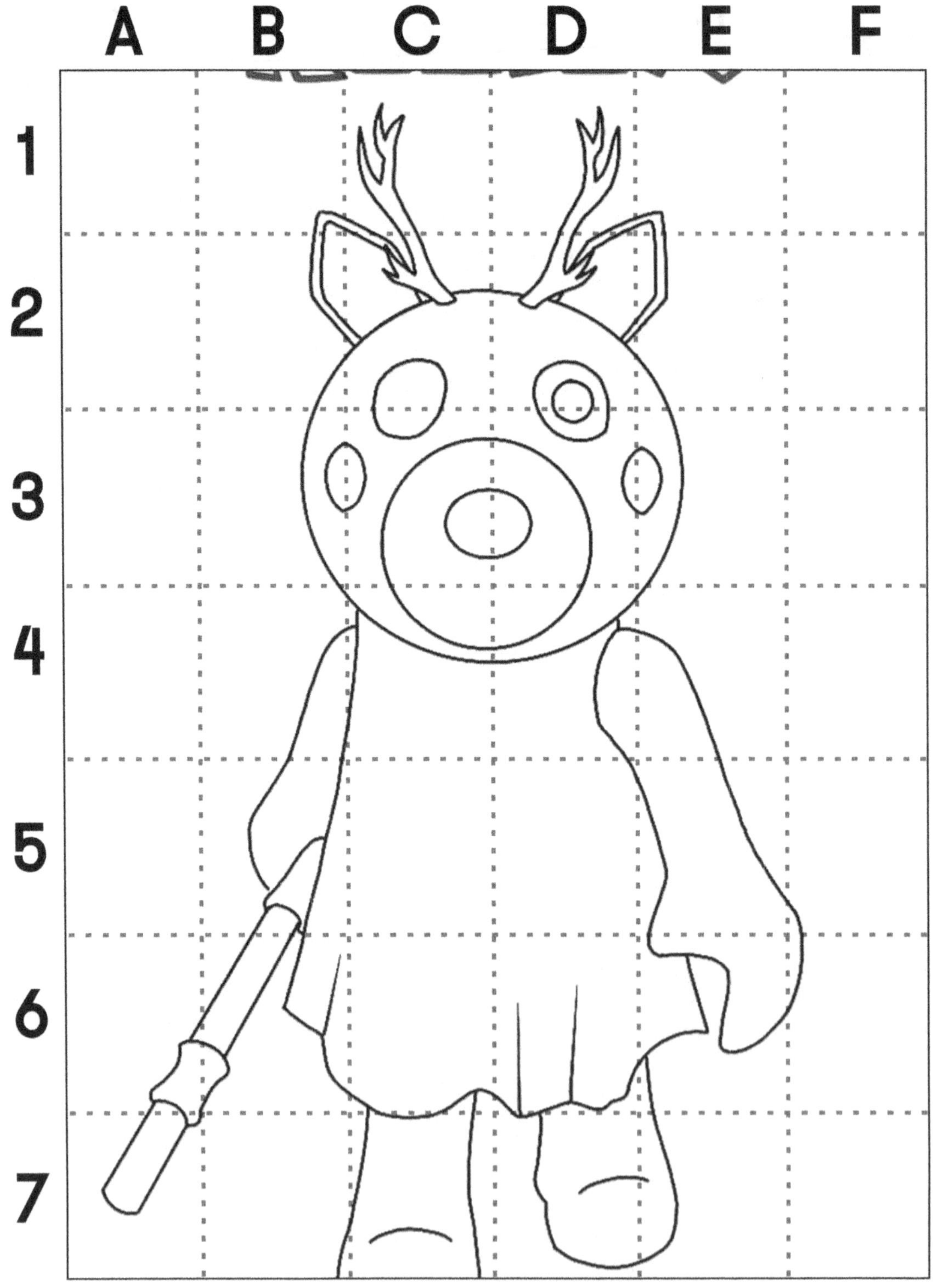
A
B
C
D
E
F
1
2
3
4
5
6
7

	A	B	C	D	E	F
1						
2						
3						
4						
5						
6						
7						

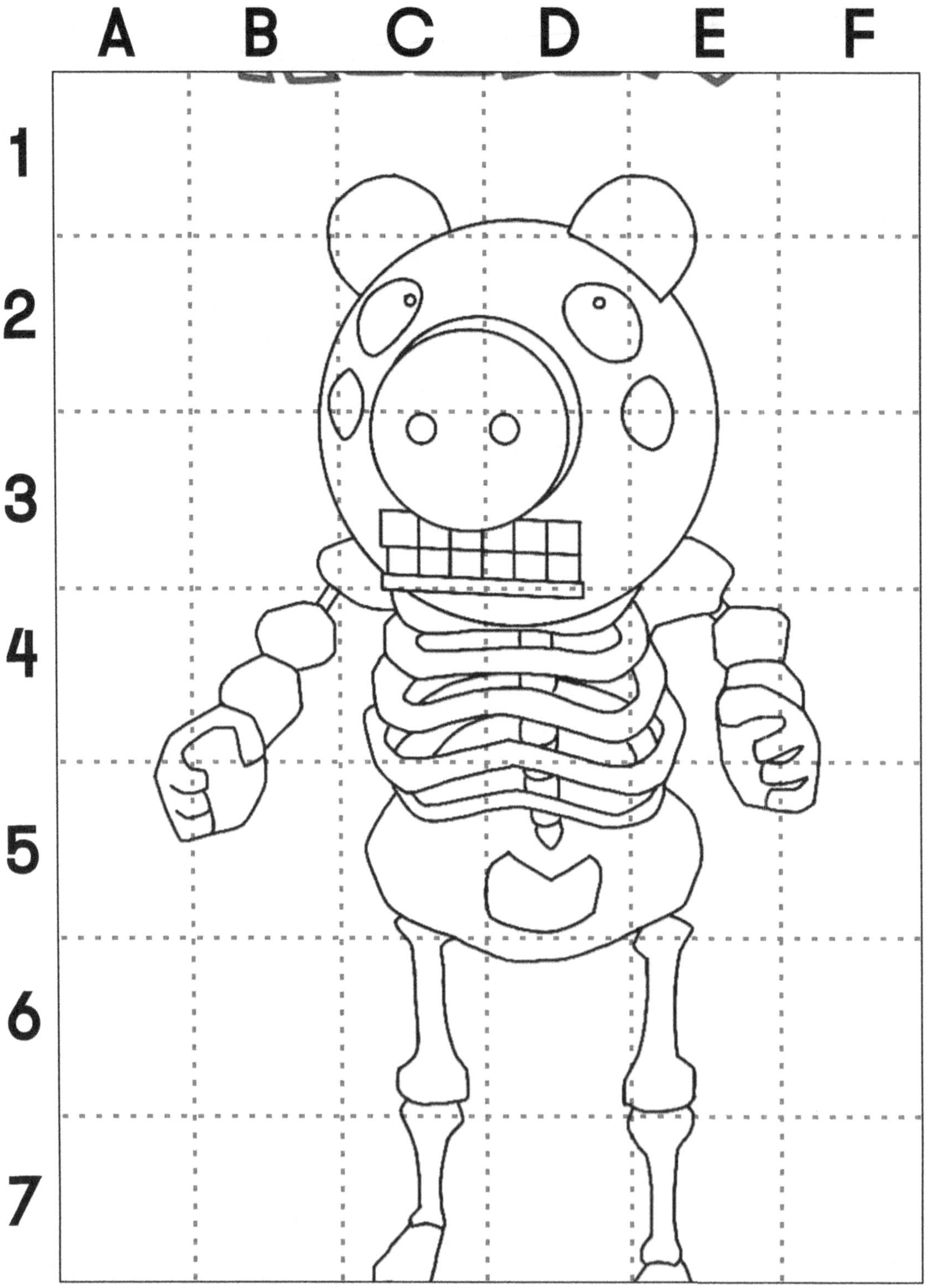
A B C D E F
1 2 3 4 5 6 7

	A	B	C	D	E	F
1						
2						
3						
4						
5						
6						
7						

Write down what you like about this book:

- -

- -

- -

- -

- -

- -

- -

- -

- -

- -

- -

- -

- -

- -

THANK YOU VERY MUCH
FOR TRUSTING AND CHOOSING
OUR PRODUCT

WISH YOU ALL THE BEST
IN YOUR FUTURE

HOPE YOU WILL PUT YOUR TRUST
IN OUR NEXT PRODUCT

Made in the USA
Las Vegas, NV
20 October 2023

79342510R00037